LES GLACIERS

RÉDACTION STÉNOGRAPHIQUE

d'une

CONFÉRENCE

de

M. STANISLAS MEUNIER

J. ET A. MOLTENI

CONSTRUCTEURS D'INSTRUMENTS D'OPTIQUE

PARIS

44, RUE DU CHATEAU D'EAU, 44

ENSEIGNEMENT

PAR

LES PROJECTIONS

TABLEAUX, APPAREILS ET ACCESSOIRES

LES GLACIERS

PARIS. — TYPOGRAPHIE-STÉNOGRAPHIQUE DES FRÈRES DUPLOYÉ
12, Rue Notre-Dame de Nazareth, 12.

LES GLACIERS

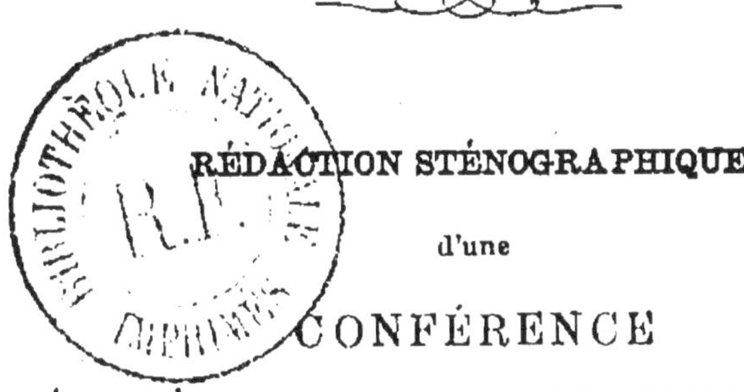

RÉDACTION STÉNOGRAPHIQUE

d'une

CONFÉRENCE

DONNÉE A L'ASSOCIATION PHILOTECHNIQUE DE NEUILLY

par

M. STANISLAS MEUNIER

AVEC DES PROJECTIONS DE PHOTOGRAPHIES A LA LUMIÈRE OXHYDRIQUE.

J. et A. MOLTENI
CONSTRUCTEURS D'INSTRUMENTS D'OPTIQUE
44, *Rue du Château-d'Eau,* 44
PARIS

LES GLACIERS

MESDAMES ET MESSIEURS,

Les glaciers, dont nous allons nous occuper ce soir, doivent être comptés au nombre des accidents les plus remarquables de la surface de notre globe. Ils offrent à qui les contemple des splendeurs innombrables, mais ils présentent aussi à ceux qui les affrontent des dangers sans pareils. Dans l'économie générale de la terre ils jouent un rôle de première importance, et ils ont contribué puissamment dans le passé à édifier l'ordre de choses actuellement existant autour de nous. A tous les points de vue, les glaciers sont donc dignes d'arrêter un moment notre attention.

Tout le monde en a entendu parler, mais tout le monde n'en a pas vu; aussi je crois que pour rendre intelligible la suite de cet entretien, la première chose à faire est de mettre sous vos yeux la représentation fidèle, puisqu'il s'agit de photographies prises sur nature, d'un ou de deux glaciers particulièrement caractérisés. Je vais donc prier monsieur Molteni de nous faire voir successivement deux vues que nous avons choisies entre plusieurs et qui résument les traits principaux sur lesquels j'aurai tout à l'heure à appeler votre attention.

Voici, sur l'écran, le village des Ouches, dans les Alpes. Le premier plan montre, comme vous voyez, un châlet suisse avec des maisons et des arbres couverts de neige.

Le dernier plan représente des montagnes élevées. C'est dans ces replis de montagnes, entre les sommets, que se trouvent les vallées étroites au fond desquelles se rencontrent les glaciers. On peut en voir un à la droite du tableau, en blanc un peu bleuâtre.

La seconde vue va nous montrer avec beaucoup de détails un glacier, celui de l'Argentière.

Au premier plan encore des sapins comme ceux que nous voyions tout à l'heure. Dans le fond, de hautes montagnes, et entre ces montagnes de larges vallées remplies d'une substance blanche qui est de la glace. La glace forme ici comme un grand fleuve descendant de la montagne et est immobile en apparence au moins.

Sur le sommet de la montagne vous voyez des bandes blanches, espèces de chevrons formés tantôt de neige et tantôt de glace. Nous allons avoir à examiner les rapports qui existent entre la neige et la glace, qui sont intimement liées entre elles.

Mais j'aborde l'étude plus spéciale des glaciers. Ces photographies, malgré leur perfection, ne peuvent donner qu'une idée bien incomplète de la nature. Quand on est transporté dans les régions où ces images ont été prises, on ne peut qu'être saisi d'un véritable enthousiasme qui s'est traduit, chez les esprits supérieurs, par les expressions les plus éloquentes. Parmi les savants qu'on peut appeler les glacialistes se trouvent une foule d'hommes illustres. Je citerai au hasard Saussure, Agassiz, Tyndall, qui ont laissé sur les glaciers des ouvrages impérissables et universellement répandus. Tout le monde connaît, par exemple, les belles pages de Saussure :

« Comment peindre à l'imagination des
« objets qui n'ont rien de commun avec tout
« ce que l'on voit dans le reste du monde?
« Comment faire passer dans l'âme du lec-
« teur cette impression mêlée d'admiration et
« de terreur qu'inspirent ces immenses ama

« de glace entourés et surmontés de ces ro-
« chers pyramidaux plus immenses encore ;
« le contraste de la blancheur des neiges
« avec la couleur obscure des rochers, mouil-
« lés par les eaux que ces neiges distillent ;
« la pureté de l'air, l'éclat de la lumière du
« soleil, qui donne à tous ces objets une net-
« teté et une vivacité extraordinaires ; le pro-
« fond et majestueux silence qui règne dans
« ces vastes solitudes, silence qui n'est trou-
« blé que de loin en loin par le fracas de
« quelque grande roche de granite ou de glace
« qui s'écroule du haut de quelque montagne,
« et la nudité même de ces rochers élevés,
« où l'on ne découvre ni animaux, ni arbuste,
« ni verdure? »

Mais à côté des hommes célèbres auxquels je viens de faire allusion doivent être cités les montagnards des Alpes, les guides, sans lesquels les grandes découvertes dont je vais dire les résultats n'auraient pas été possibles. Dans une foule de circonstances ils ont en effet prêté à la science un concours indispensable au prix de mille dangers et souvent même de la mort.

Les guides des Alpes constituent pour ainsi dire une population à part ; ils sont remarquables par la simplicité et par la pureté de leurs mœurs. On ne peut, quand on les observe, qu'être frappé du contraste qui existe entre eux et les montagnards d'autres parties de l'Europe.

En Suisse, dans ces régions si éloignées de tout centre d'habitation, on rencontre des hommes qui réalisent véritablement ce qu'on est habitué à considérer comme un lieu commun : la pureté des mœurs de la campagne. Vous aurez une idée de la vie pleine de périls de ces braves gens quand je vous dirai que, pendant bien longtemps, leur principal mode d'existence a été ou bien la recherche du cristal dans les montagnes, ou bien la chasse au chamois.

Dans les hautes montagnes où se forment les glaciers, le cristal de roche se présente en géodes.

Or, pour y arriver, il faut faire des ascensions extraordinairement dangereuses, se diriger à travers les rochers éboulés qui offrent des difficultés sans nombre, se faire descendre, au moyen de cordes, le long d'escarpements à pic, et une fois suspendu dans l'abîme, tâter la roche à coups de marteau et extraire les blocs quand on a été assez heureux pour les rencontrer.

La chasse au chamois est peut-être encore plus périlleuse. Elle suppose la continuation de la recherche, pendant plusieurs jours et plusieurs nuits de suite, à une hauteur de 3 ou 4,000 mètres au-dessus de la mer, c'est-à-dire par une température très-inférieure à celle où l'eau se congèle, et sur une surface absolument dénudée où l'on ne trouve même pas de grotte pour se retirer, et où le chasseur est obligé, pour se reposer, de s'étendre sur la glace même en prenant une pierre gelée pour oreiller. Sa nourriture est un fromage très-rude qu'il mange avec du pain tellement dur que l'usage de la hache est nécessaire pour le débiter. Il en porte toujours une qu'il emploie à pratiquer des escaliers dans les régions naturellement inaccessibles. Le matin, pour se remettre sur ses jambes, il boit un peu d'eau-de-vie, puis il repart courageusement.

Malgré la rigueur de cette existence les montagnards y tiennent tant que l'un d'eux disait à Saussure que : « quand on lui offrirait toutes les richesses de la terre il ne quitterait pas le métier de chasseur de chamois » où cependant ses ancêtres avaient rencontré la mort.

On raconte, à leur sujet, une foule d'anecdotes très-intéressantes. L'une d'elles m'a frappé. C'est l'histoire d'un montagnard savoyard, ou savoisien comme on dit maintenant, qui ayant vu un chamois, lui tira un coup de fusil et le blessa. Deux Valaisans, en quête de gibier, achevèrent l'animal. D'après les règles de la chasse, bien que ces derniers l'eussent tué, il appartenait au premier chasseur; mais, exploitant la solitude où ils se trouvaient, les deux Valaisans s'approprièrent le gibier et intimèrent au Savoyard qui avait pris possession de la bête l'ordre de la déposer à terre. Comme celui-ci ne se rendait pas à l'invitation, ils tirèrent sur lui des coups de fusil. Le Savoyard n'avait plus de munitions. Obligé de céder devant la force, il abandonna le chamois et se cacha pour observer ce que les deux Valaisans allaient faire. Ceux-ci prirent l'animal et entrèrent dans un châlet où ils se préparèrent à passer la nuit. Ceci constaté, le Savoisien rentra chez lui, chargea son fusil, et s'approchant du châlet, il aperçut à travers les joints des planches les voleurs qui s'apprêtaient à dépecer leur butin. Il passa le canon de sa carabine à travers une fente, et il allait tirer sur ses ennemis lorsqu'il réfléchit tout à coup que ces malheureux n'avaient pas eu le temps de se réconcilier avec le ciel depuis qu'il avait essuyé leur feu, que, par conséquent, s'il les tuait, ils seraient (eux, non pas lui) en état de péché mortel, et que la charité, comme il la comprenait, demandait qu'il attendît pour se venger. Il entra brusquement dans le châlet et il raconta aux deux Valaisans ce qui venait de se passer en lui. Ceux-ci, touchés du procédé, n'eurent rien de plus pressé que de partager le chamois avec lui.

Les guides ont quelquefois joué un rôle considérable, non-seulement dans les recherches purement scientifiques dont nous allons parler, mais aussi dans des événements politiques. Sans doute Annibal réclama leur aide quand il passa les Alpes, et nous savons que le premier consul s'en servit utilement. Même avant lui, en 1799, le général Gudin eut recours à un guide pour passer les Alpes et tomber sur les derrières des Autrichiens. Ce guide s'appelait Fahner. Il avait rendu de tels services au général français que celui-ci lui permit de choisir la récompense qu'il désirerait. Il ne trouva rien de plus beau qu'un pré situé à quelques kilomètres de Guttanen et il en demanda la propriété au général qui la lui donna. Mais dès que les troupes françaises eurent évacué la Suisse, le gouvernement de Berne ne ratifia pas du tout la donation faite par la France, et le malheureux, non-seulement fut privé de son petit champ mais encore mis au ban de la société et devint l'objet de la haine et du mépris de ses concitoyens.

Le fils de ce guide vit toujours, et comme l'ont dit déjà plusieurs fois des glacialistes distingués, entre autres Dollfus Ausset, il serait désirable que le gouvernement français put récompenser chez cet héritier les services rendus par le premier Fahner.

Ainsi que vous avez pu le voir dans les photographies qui ont été mises sous vos yeux tout à l'heure, les glaciers, dans les Alpes, occupent de grandes hauteurs. Dans les plaines basses on n'en trouve pas, et ceci est le cas habituel dans toutes les montagnes de notre pays. Il est bien évident, d'ailleurs, que la hauteur où commencent les glaciers varie suivant la latitude. Mais même à l'équateur les glaciers sont possibles, c'est-à-dire qu'il y a des montagnes assez élevées pour que l'eau y soit toujours à zéro. C'est ce qui a lieu au Cotopaxi où les neiges persistantes sont à la hauteur de 4,556 mètres. Au contraire, au pôle, le glacier est au niveau de la mer. Une remarque assez curieuse à faire est que si nos montagnes étaient aussi hautes que celles que nous observons sur Vénus, par exemple, il y aurait une seconde limite de neiges persistantes, c'est-à-dire que beaucoup plus haut que la limite qui nous est connue maintenant se trouverait une autre surface au-dessus de laquelle il n'y aurait plus de neige, parce que l'air y serait beaucoup trop sec pour fournir de l'eau, en sorte que la montagne apparaîtrait comme un cône avec une ceinture de neige.

La neige qui tombe sur les sommets très-élevés est fine et sèche. Par les très-grands froids on en voit aussi dans nos parages, et vous savez qu'on lui donne le nom de *grésil*. Si on l'observe avec soin on trouve que chacun des éléments du flocon est formé par une étoile à six rayons. Cette neige tombe en très-grande abondance sur les montagnes ; il s'en dépose 10 mètres d'épaisseur par an sur le Mont-Blanc. Comme vous voyez, au bout d'un siècle cela devrait faire un kilomètre d'épaisseur de neige au sommet de la montagne. Or celle-ci n'augmente pas sensiblement. On l'a mesurée il y a plusieurs siècles et aujourd'hui on trouve le même nombre de mètres. Par conséquent la neige disparaît à mesure qu'elle tombe. Quels sont les agents qui agissent sur elle? Evidemment le soleil avant tout ; mais, quoi qu'il en fasse fondre 70 centimètres d'épaisseur par les beaux jours, il est loin d'agir aussi énergiquement que le brouillard et la pluie. La pluie entraîne la neige avec une rapidité inconcevable ; et pourtant l'on peut citer un agent bien plus énergique dans le vent sec et chaud qui vient du midi et que les Suisses appellent le fœhn. « Le fœhn mange la neige, » suivant l'expression des montagnards ; on le voit quelquefois, en six heures, faire disparaître 80 centimètres d'épaisseur de neige. Ce fœhn est un vent qui naît au Sahara, traverse toute la Méditerranée et arrive sur le sommet des Alpes avec une furie telle qu'il brise tout. Non-seulement il fait fondre la neige mais il l'entraîne en l'air, de façon que, de la vallée, on aperçoit chaque pic avec une aigrette blanche qui n'est autre chose que de la neige. Après qu'on a observé ces phénomènes sur les sommets élevés on voit le vent descendre et arriver au fond des vallées ; là il tord les arbres, démolit les châlets et produit des ravages très-considérables. D'autres fois, au contraire, le fœhn arrive avec des allures amicales, et tous les ans c'est à sa suite que le printemps se déclare en Suisse. Aussi, malgré les ravages qu'il cause de temps en temps, les paysans suisses ont-ils pour lui une grande estime et vont-ils jusqu'à dire que « le bon Dieu et le soleil doré n'arriveraient pas à fondre la neige si le fœhn ne leur venait en aide. » Mais souvent la neige ne disparaît pas des sommets des montagnes avec cette lenteur, soit qu'elle fonde sous l'action du soleil, soit que le vent l'emporte. Dans certains cas elle glisse dans les vallées étroites et constitue ce qu'on appelle des *avalanches*. Celles-ci peuvent être considérées comme un trait normal de l'économie des montagnes. Aussi dans beaucoup de cas n'offrent-elles rien de remarquable et ne sont-elles point enregistrées. Mais il arrive aussi qu'elles acquièrent un volume si considérable et un poids si énorme quand elles parviennent dans les parties basses qu'elles produisent des désastres sans pareils, et que, si elles buttent contre certaines constructions, elles les démolissent complétement. En outre, par suite de cet énorme déplacement de substances neigeuses déterminant un grand mouvement dans l'air, il se fait, à la suite, des ouragans et des trombes; celles-ci, dans certains cas sont arrivées à déraciner des forêts entières.

Les avalanches sont naturellement un élément de grand danger pour ceux qui parcourent les Alpes.

Parmi les exemples nombreux qu'on a cités de désastres de ce genre, j'en rapporterai un qui n'est pas ancien.

Un capitaine anglais, du nom de Arkwright, étant arrivé à Chamounix au mois d'octobre 1866 avec sa sœur, âgée de vingt ans, résolut de monter au sommet du Mont-Blanc. Il partit le 12 octobre, à six heures du matin, et il arriva à un point de repère bien connu : les Grands-Mulets. C'est une sorte d'auberge à une hauteur considérable où tous les voyageurs se reposent. Là, miss Arkwright s'arrêta, et, dès le lendemain matin, à la première heure, le capitaine partit avec un guide et deux porteurs. Les quatre hommes étaient attachés à une même corde. (Vous allez voir des photographies des hommes dans cette attitude). De Chamounix on les vit s'élever le long du côté de la montagne ; car, chaque fois qu'une de ces expéditions a lieu c'est un événement pour la localité et il y existe même des industriels dont le métier est de louer des télescopes pour examiner les touristes, de la ville même.

Trois quarts d'heure après leur départ on vit s'en aller deux autres personnes qui faisaient le même voyage. Une heure plus tard on les vit qui traversaient la région appelée le Grand-Plateau, et qui arrivaient enfin vers les rochers rouges, en face de la calotte principale du Mont-Blanc. On s'attendait à les voir reparaître au bout de quelque temps, de l'autre côté de ces rochers rouges. Une heure après, personne ne reparaissant, on commençait à se livrer aux interprétations les plus lugubres quand on aperçut deux des voyageurs, les deux derniers, qui descendaient la côte à la course. On crut qu'on avait manqué le retour des quatre premiers, lorsque, vers cinq heures du soir, on apprit qu'une effroyable catastrophe venait d'avoir lieu. Un des voyageurs qui faisait partie de la seconde caravane en apportait le récit. C'était un guide plein de bravoure, Sylvain Coutet, qui avait conduit un jeune Allemand à la suite de la caravane principale, qu'il n'avait rejointe qu'en hâtant le pas. L'ayant atteinte près de la partie inférieure du Mont-Blanc, Sylvain Coutet avait demandé à passer en tête parce que c'est la place la plus pénible, en disant à son collègue qui y était depuis le matin : « Vous avez assez travaillé. » Il avait à peine pris cette place qu'il entendit le bruit précurseur d'une avalanche. Il n'eut que le temps de crier aux autres de prendre des précautions. Il enfonça dans la neige son *Alpen-Stock*, ou bâton ferré, et se mit à plat ventre, la tête du côté de l'avalanche. L'Allemand fit la même chose. Pendant dix interminables minutes ils se sentirent submergés sous la neige, d'énormes blocs de glace sur le dos, et ce ne fut qu'au bout de ce temps qu'ils se relevèrent sains et saufs pour savoir ce qu'étaient devenus leurs compagnons. Ils n'entendirent aucune réponse à leurs appels. Au bout de quelque temps Sylvain Coutet aperçut un sac et un homme mort. Il le reconnut pour un des porteurs du capitaine Arkwright. Malgré toutes les recherches il fut impossible de retrouver celui-ci, l'autre porteur et le guide. Je n'ai pas à vous raconter l'impression que cette catastrophe fit sur la jeune Anglaise laissée aux Grands-Mulets. Mais malheureusement un autre accident arrivait quelques jours après et détournait la direction des regrets.

Cette avalanche-là appartenait à l'espèce la plus dangereuse, à celle qu'on appelle *avalanche poudreuse*. Il y en a d'autres qui se présentent sous forme d'énormes blocs glissant d'un seul morceau. Malgré la première apparence elles sont moins terribles, et dans les parties basses de la Suisse, où l'on sait que tous les ans il y en aura, on construit des murs en pierres sèches pour les diriger. On connaît la ligne qu'elles suivent et on arrive ainsi à les conduire loin des régions qu'on veut protéger. Beaucoup de ces murs sont faits en neige qu'on arrose d'eau qui la cimente en se congelant. L'église d'Oberwald est chaque hiver protégée de cette manière.

Un autre mode de protection contre les avalanches consiste dans la plantation d'arbres. Les arbres jouent, à l'égard des avalanches, un rôle extrêmement énergique : à première vue il semble étrange que des sapins qui ne sont pas énormes puissent arrêter un flot pareil. C'est cependant ce qui a lieu. Aussi les montagnards de la Suisse ont-ils pour les arbres un respect qui touche de très-près à la superstition. Et, par exemple, dans le voisinage d'Andermatt, au pied du Saint-Gothard, une vieille légende assure que chaque arbre qu'on abat répand du sang. La légende n'a pas tort puisqu'on punissait de la peine de mort celui qui coupait un arbre au détriment de la sécurité générale. Maintenant cette loi rigoureuse n'existe plus, mais il y en a une autre qui inflige l'amende ou la prison à celui qui détruit un arbre.

D'ailleurs on peut remplacer les arbres en plantant dans le sol de gros piquets qui jouent à peu près leur rôle. C'est ce qu'on appelle *clouer l'avalanche*.

Dans les parties supérieures de la montagne on rencontre les champs de neige, réservoirs d'alimentation des avalanches. Leur aspect est singulièrement monotone : il y règne un silence qui serait absolu si, de temps en temps l'avalanche qui se produit, soit à droite, soit à gauche, ne développait des échos analogues à ceux du tonnerre. Or ces avalanches sont souvent produites sans cause apparente : il suffit qu'un chamois passe, qu'une balle soit tirée, une parole prononcée pour que la montagne, par une espèce de sympathie, réponde par des torrents de neige.

Quelquefois le champ de neige n'est pas absolument blanc. Au sommet du Jung-frau on trouve de la neige rouge de sang, et il en est de même au pôle nord, avec un développement plus considérable encore. En 1818, Ross et Parry trouvèrent une couche de neige rouge de trois à quatre mètres d'épaisseur. Cette neige rouge est recouverte en général d'une couche blanchâtre que l'on fait disparaître en marchant dessus. On peut suivre un traîneau à la piste rouge qu'il a laissée.

La matière colorante de cette neige rouge est un être organisé. Les uns disent que c'est un végétal, d'autres un animal. C'est un être très-inférieur qui ressemble à ceux qui colorent le sel gemme dans certains cas. Quand on étudie les champs de neige, on reconnaît que c'est de là que partent les glaciers, et que c'est par une série de transformations, dont nous allons dire un mot dans un instant, que la neige passe à l'état de glace compacte.

Je vais vous montrer, en effet, que malgré

des caractères distinctifs très-nets, il y a cependant des traits de ressemblance intime entre la neige et la glace. Par exemple, après que vous aurez vu sur l'écran les flocons de neige à six rayons, vous pourrez voir, par une des plus belles expériences de la physique, qu'on retrouve ces étoiles au sein de la glace même la plus compacte. Mais auparavant, nous allons vous montrer deux ou trois photographies qui se rapportent à ce qui vient d'être exposé.

Voici le passage du Saint-Gothard que nous avons choisi pour vous montrer l'un des endroits par où a passé le premier consul et un de ceux où l'assistance des guides a dû lui être le plus utile. C'est le *Pont-du-Diable*. Nous l'avons pris aussi comme exemple de ces escarpements de roches absolument verticaux, le long desquels les chercheurs de cristal sont quelquefois forcés de se laisser descendre. Vous voyez des blocs éboulés le long de la montagne, sur lesquels nous aurons à revenir à propos des glaciers, et qui constituent l'un de leurs caractères les plus constants.

Voici maintenant la montagne du Cotopaxi située presque sous l'équateur et qui, malgré cette position géographique, présente à la partie supérieure, des régions couvertes de neige. Au-dessus d'un certain niveau, toute la surface qui s'étend jusqu'au cratère est couverte de neige. Cette photographie est faite d'après les dessins relevés par Humboldt sur les lieux mêmes.

L'écran porte à présent l'image d'un champ de neige du Mont-Blanc. Nous avons justement sous les yeux une caravane qui est encore bien loin de la partie supérieure. Notons l'aspect monotone de ces immenses champs de neige, et pour vous faire voir comment les avalanches commencent en beaucoup de cas, voici de la neige qui s'est séparée de la masse générale qui se crevasse et qui donnera bientôt lieu à une véritable avalanche.

Examinez maintenant les cristaux de la neige. Ils peuvent être observés presque par toutes les neiges; seulement il faut faire attention qu'un seul flocon en contient un grand nombre. Aussi est-ce par les temps très-froids et les neiges très-fines qu'on peut recueillir de petites étoiles parfaitement isolées. En les observant à la loupe, on en reconnaît les formes et un très-grand nombre d'autres. Toujours se retrouve le polygone à six côtés ou hexagone avec des variantes en nombre illimité. Tout cela prend des colorations très-vives. C'est un des plus élégants spectacles naturels qu'on puisse se procurer. C'est maintenant que je vais appeler votre attention sur l'expérience de Tyndall, qui consiste à disséquer véritablement de la glace au moyen d'un rayon de lumière et de chaleur qui en fait apparaître la structure. C'est une opération très-délicate. Vous verrez dans un petit bloc de glace se dessiner des étoiles. On met un morceau de glace dans un rayon de lumière. Vous apercevez d'abord sur l'écran des petites sphères qui sont des bulles d'air, mais dans un moment vous allez voir se dessiner de toutes parts des petites marguerites à six feuilles. En voici qui commencent seulement, elles sont très-petites. En voici une autre dont on peut compter les six pétales. En voilà une qui atteint de plus grandes dimensions.

Enfin, je vous présenterai un dessin qui reproduit d'après nature les étoiles dont il est question; seulement, ici, elles sont bien plus grossies. Il est intéressant de les voir naître de toutes parts dans la substance même de la glace. Cela suffit pour vous montrer que la glace et la neige ont conservé des rapports très-intimes quant à leur structure.

Nous allons rechercher comment la neige passe

à l'état de glace. Dans la partie supérieure des hautes montagnes, le vent entraîne les flocons de neige et ne tarde pas à les réunir dans ce qu'on appelle les cirques, espaces plus ou moins circulaires bordés de hautes roches où la neige s'accumule; au bout de quelque temps, sous l'influence du soleil, de la pluie, du vent, cette neige fond en partie et donne lieu à de l'eau qui s'infiltre entre les flocons et qui s'y regèle. La neige, primitivement très-fine, passe progressivement à l'état d'une substance grenue. C'est le *névé*. Cela ne ressemble en rien à la neige que nous connaissons. Si l'on observe le glacier en un point plus bas que celui où se produit le névé, on découvre une autre cause de fusion qui n'est autre que la pression exercée par la glace ou par la neige sur celle qui est située un peu plus bas; cette pression équivaut exactement à une augmentation de température. La pression joue un très-grand rôle dans toutes les différences de température. Vous savez que si l'eau bout à 100 degrés ici, c'est-à-dire à peu près au niveau de la mer, elle bout bien avant 100 degrés au sommet d'une haute montagne. Il semble que l'air serve de soupape. Dans les lieux élevés, la pression étant moins considérable, il faut moins de chaleur pour déterminer l'ébullition, et ceci est tellement exact qu'on arrive à savoir la hauteur d'une montagne avec un thermomètre et de l'eau bouillante. Quelque chose d'analogue à quelques égards arrive pour la fusion : la glace ne fond pas à la même température dans différents points où la pression est différente, et ceci se produit à plus forte raison si l'on fait intervenir cette pression de centaines de mètres de neige et de glace qui appuient sur la substance du glacier. Il arrive alors souvent que la glace fond au-dessous de zéro. Elle retourne en partie à l'état d'eau, et la glace qui reste solide et qui absorbe une grande quantité de chaleur pour repasser à l'état liquide détermine la solidification de l'eau. C'est ainsi que le névé, qui était grenu, se cimente progressivement et passe à l'état de glace remplie de bulles d'air. Si l'on observe les choses à un niveau moins élevé encore, on trouve que la cimentation devient plus intime. Les petits filets d'eau chassent l'air peu à peu, et, dans le bas, on observe des blocs de glace ne contenant plus de bulles d'air, c'est-à-dire analogues à ceux qui viennent d'être mis sous vos yeux.

Ce fait, que la glace se brise et se reforme sous l'influence de la pression, explique un des phénomènes les plus étranges des glaciers. Je veux parler des mouvements qu'ils effectuent dans les vallées où ils sont encaissés. A première vue, le glacier semble immobile, mais l'observation attentive y fait reconnaître un fleuve qui s'écoule le long de la montagne, comme fait un cours d'eau dans une vallée. Les montagnards qui sont en présence des glaciers d'une manière permanente savent cela de toute antiquité. Au contraire, les savants ne s'en doutent que depuis la fin du siècle dernier, et grâce à un géologue suisse, Hugi, mis lui-même sur la voie par un de ses guides. Depuis cette époque, on a reconnu que le glacier de l'Unteraar descend vers la vallée avec une vitesse de 102 mètres par an. Or, la cause du mouvement a été recherchée pendant très-longtemps. Elle vient justement de ce que la glace, sur le plan incliné de la montagne, est brisée sous l'effet de la pression ; les petits fragments de glace se moulent sur la surface pierreuse, et l'eau qui s'est infiltrée entre eux vient, en se regelant, donner lieu à de nouvelle glace. Celle-ci a donc constamment la forme de la vallée, de sorte que le glacier est dans un état permanent de démolition et de reconstruction.

Ceci n'est pas une hypothèse, et Tyndall l'a démontré d'une manière nette en moulant véritablement de la glace et en en fabriquant les objets les plus variés. Des formes en bois, disposées sous le plateau de la presse hydraulique, étant remplies de glace pilée, il est arrivé à obtenir des coupes de glace, des statuettes et même à transformer une règle de glace, à l'aide de pressions successives, dans des moules de plus en plus courbes, en un véritable *nœud* de glace. Donc, la glace a cette propriété d'être absolument plastique, on en fait tout ce qu'on fait avec de la terre glaise.

Le fleuve de glace, le glacier, marche dans la vallée, il descend dans les parties basses et ce mouvement est accompagné de bruits, de craquements, de gémissements qui sont tels que les montagnards, gens fort superstitieux, lui accordent une âme et le croient doué de vie.

Quand on étudie la marche du glacier on reconnaît que les différentes parties ne vont pas avec la même vitesse. C'est exactement comme dans les rivières : au milieu il y a une zone dans laquelle le glacier va plus vite que sur les bords et qu'au fond. Il en résulte des tiraillements dans sa substance, et c'est de là que proviennent des accidents appelés *crevasses*. Celles-ci, dont vous allez voir la représentation, ont quelquefois des dimensions considérables. On en connaît de 30 et même de 100 mètres de largeur sur une profondeur évaluée à 100 mètres. Ce sont des abîmes taillés à pic dans une matière qui ressemble au cristal, avec des parois absolument abruptes. Les malheureux tombés au fond des crevasses y ont souvent trouvé le tombeau. Leur formation est accompagnée de phénomènes effrayants. Agassiz raconte qu'ayant voulu étudier la nature d'un glacier, il faisait usage de longues vrilles ou *tarières*, avec lesquelles il pratiquait des trous jusqu'à des profondeurs plus ou moins grandes, afin de prendre la température, la vitesse et des échantillons de la substance. S'étant un peu écarté, il vit accourir à lui un de ses hommes qui, de loin, manifestait par ses gestes une profonde terreur. Amené en hâte à l'endroit où l'on forait le trou, Agassiz trouva tous les ouvriers effarés et s'attendant à un grand malheur. On entendait dans les profondeurs du glacier des détonations comparables à des décharges de mousqueterie et toute la substance du glacier était animée de trépidations violentes. Un gros bloc de plus de 60 mètres cubes, placé à quelques pas de là, tomba de sa base et roula sur le glacier. En même temps, l'illustre glacialiste vit se former des fentes, crevasses déterminées par les trous de sonde. Une fois produites avec l'épaisseur d'une feuille de papier, les fentes s'élargirent, et Agassiz en vit d'autres se former sous ses pieds, et pendant toute la nuit les craquements continuèrent à se faire entendre. En même temps beaucoup de bulles de gaz se dégageaient des fissures, faisant bouillonner l'eau qui se trouvait sur certains points du glacier. L'eau liquide qui s'infiltre dans les crevasses s'y gèle et donne lieu à des espèces de filons d'une glace beaucoup plus pure que celle du glacier, et qui, quand on l'observe sur la tranche de la crevasse, apparaît avec des teintes bleues infiniment plus pures que celle du ciel dans les plus beaux jours.

Dans certains cas, les crevasses s'entre-croisent, et, sous l'action du soleil, elles laissent entre elles une sorte de bloc de glace qui résiste parfois à la fusion avec une énergie remarquable. et il arrive que dans certaines régions toute la surface du glacier est recouverte d'énormes blocs entre lesquels on peut passer et qui rappellent les constructions cyclopéennes. Comme les glaciers, ces blocs, que les montagnards appellent Séracs, marchent et chevauchent les uns sur les autres. Aussi la superficie des glaciers est-elle souvent raboteuse à la façon de celle d'une mer très-agitée. On donne par analogie le nom de *mer* à certains glaciers. Le plus célèbre est la *mer de glace*, dont vous allez voir la photographie.

La glace, comme vous le savez, détermine la rupture, la démolition des roches dans lesquelles elle se produit. Autour de nous, certaines pierres, pendant l'hiver, se fendent. Cela a lieu dans toutes les montagnes, de façon que le glacier est entièrement couvert de blocs de toute espèce qui viennent des régions hautes des montagnes. Ces blocs se comportent de différentes manières, suivant leur nature et surtout suivant leur couleur. S'ils sont de couleur sombre, ils absorbent la chaleur du soleil, deviennent chauds et la glace qui est au-dessous d'eux fond plus vite que celle qui est à côté. Alors il se creuse un trou dans la glace et les corps sombres, après s'y être abîmés, sont ordinairement rejetés sur un point plus bas du glacier. C'est ce qui arrive pour les cailloux de couleur sombre, pour les cadavres d'animaux et pour les débris humains qui, dans maintes circonstances, ont apparu à la surface du glacier, témoignant d'une catastrophe qui avait eu lieu dans les régions plus élevées. Si, au contraire, les corps sont de couleur claire, au lieu d'absorber la chaleur, ils la réfléchissent. La glace qu'ils recouvrent se trouve, dès lors, préservée de la fusion et, subsistant pendant que tout le reste de la surface se liquéfie, elle constitue peu à peu comme une sorte de piédestal. Alors se produit un *champignon des glaciers*. Mais comme les rayons du soleil sont obliques, le piédestal ne tarde pas à être miné par la base et la table s'incline vers le sud. Un moment arrive même où le pied fond comme le reste et le bloc tombe sur le glacier. Il en résulte que de pareils blocs ne marchent pas exactement avec le glacier, mais ont un mouvement propre vers le sud. Nous allons voir un dessin de champignon de glacier qui ne vous donnera pas une idée parfaitement nette de cet accident remarquable, parce qu'il n'est pas isolé, mais qui vous le fera pourtant bien saisir. Un glacialiste célèbre, de Charpentier, a signalé une table de cette nature qui avait 6 mètres de long sur 4 de large. Le pied du champignon avait 2 mètres 60 centimètres de hauteur. . . . . . .

En définitive, ces blocs de pierre, qu'ils soient sombres ou clairs, arrivent sur les bords du glacier, tantôt sur les bords de droite ou de gauche, tantôt sur le bord frontal, et donnent lieu, par leur accumulation, à une espèce de muraille qui entoure le glacier. C'est ce qu'on appelle des *moraines* longitudinales lorsqu'elles sont en long, et frontales quand elles sont en avant. Je tiens à vous faire voir des photographies de moraines, parce qu'on retrouve des accidents identiques dans certaines localités où il n'y a pas actuellement de glacier.

Nous allons voir d'abord la représentation de très-larges crevasses dans les glaciers.

Voici des crevasses dans la glace.

Le tableau montre une de ces caravanes des Alpes dont nous parlions tout-à-l'heure. Le touriste est placé entre un guide et un porteur; les trois hommes sont réunis par une corde, grâce à laquelle si l'un tombe les autres peuvent lui venir en aide. On ne peut pas marcher très-près l'un de l'autre à cause des accidents de terrain. Les crevasses donnent lieu ici à de véritables *seracs* comme disent les Suisses, c'est-à-dire à des blocs isolés, et qui résistent à la fusion pendant plus ou moins longtemps.

Voici le glacier de Schwartzberg dans lequel on peut observer, grâce à la disposition de la glace qui offre une tranche à peu près verticale, les bandes bleues dont nous avons parlé comme résultant d'anciennes crevasses remplies d'eau et donnant lieu à des phénomènes optiques admirables. Sur le premier plan se trouvent des pierres accumulées sous forme de moraine longitudinale. Le glacier vient de la droite du tableau et il va vers la gauche avec sa surface recouverte de neige.

Maintenant un détail du glacier de l'Allelin. C'est à peu près la même chose, mais ici il n'y a pas de bandes bleues. Les crevasses que vous pouvez voir de loin, les unes en long et d'autres sur le bord oblique sont restées vides.

Cette nouvelle photographie nous ramène dans une région absolument remplie de seracs, ou blocs de glace isolés les uns des autres. Vous distinguez des voyageurs tentant le passage au milieu de dangers multipliés. Des crevasses sont dissimulées par la neige fraîchement tombée, et constituent comme des espèces de piéges où le pied ne rencontre pas de résistance et qui bien souvent ont été le tombeau des voyageurs.

Sur cette vue de la *Mer de Glace*, prise dans la partie inférieure, vous pouvez apprécier combien le nom de ce glacier est mérité : l'on croirait avoir à faire à une mer poussée par le vent, mais solidifiée. Cet aspect est dû aux blocs de glace chevauchant les uns sur les autres comme sur les rivières qui se gèlent. Seulement ici le fleuve est glacé jusqu'au fond, ce qui n'empêche pas le phénomène d'être à peu près le même, puisque tout le glacier se meut dans la vallée du haut en bas comme ferait une rivière. La mer de glace est une des localités que les touristes visitent le plus avec le Montanvers et c'est en effet, un des points les plus intéressants. La photographie suivante présente le célèbre glacier de Gœrner qui offre des surfaces rugueuses et qui mériterait très-bien le nom de Mer de glace, s'il n'était déjà donné au glacier précédent. Vous y reconnaissez des roches tout à fait polies au point qu'on ne peut pas y marcher à cause de la friction que la glace leur a fait éprouver. Voici les champignons que nous signalions tout-à-l'heure. Vous avez à la partie supérieure un bloc qui ressemble à une table et dessous un énorme piédestal en glace; seulement ce champignon n'est pas parfaitement isolé, il butte contre des parties rocheuses Vous pouvez facilement comprendre que si le soleil vient frapper la base du piédestal, il détermine la fusion de la glace et la chute du bloc.

Examinons maintenant plus en détail une portion du même glacier de Gœrner. Vous voyez les accidents qui rappellent la mer, mais vous remarquerez les bandes qui vont dans toute la longueur et qui constituent des moraines. Ce sont des blocs de pierre charriés de la partie supérieure vers le bas et qui sont rejetés de chaque côté du glacier, parce que c'est vers le bord que la vitesse est moindre.

Un autre glacier qui descend de la Jungfrau, vous montre des moraines longitudinales très-nombreuses. Ces bandes proviennent des glaciers supérieurs, qui constituent comme les affluents du glacier principal. De même que des rivières se jettent les unes dans les autres, ainsi un glacier peut se jeter dans un autre. Dans ce cas, la moraine droite du premier se confond avec la moraine gauche de l'autre, et il en résulte une moraine médiane. Dans notre photographie même il y a deux moraines médianes très-nettes, et l'on comprend qu'on puisse d'après ses moraines, compter dans un glacier le nombre des affluents qui contribuent à le former.

Enfin, voici un exemple de moraine frontale, dans la localité du Mauvais Pas, qui doit son nom à la difficulté qu'on éprouve à gravir la sorte d'escalier qui est sur la gauche. Trois voyageurs s'aident d'une corde le long de la montagne et traversent précisément l'accumulation de blocs qui constitue la moraine frontale.

A la limite inférieure ou front du glacier

on observe toujours la source d'une rivière ; elle provient naturellement de toutes les eaux qui descendent du haut du glacier et jamais elle n'est tarie. C'est ce qu'on observe par exemple à la partie extrême de la Mer de glace. En hiver c'est une petite rivière très-faible, mais en été c'est un torrent impétueux et mugissant qui sort d'une caverne de glace de 30 mètres de hauteur. Le séjour en est dangereux à cause des éboulements de gros blocs de glace qui ont lieu à chaque instant.

Il arrive dans bien des localités qu'un glacier n'aboutit pas comme dans les Alpes à la terre ferme mais à la mer. C'est ce qu'on trouve vers le pôle nord, où il se passe un phénomène particulier : le glacier déverse des torrents d'eau douce dans la mer, et y apporte des moraines frontales ou longitudinales qui constituent de véritables murailles au fond de l'Océan et qu'on verrait s'il se retirait. Il arrive aussi que le glacier se démolissant en partie abandonne à la mer des blocs de glace qui se séparent de lui et constituent des masses flottantes des *icebergs* qui ont des dimensions considérables, de 100 à 150 mètres de hauteur au-dessus de l'eau, et qui sont bien plus grands encore qu'il ne paraît, car il n'y a que le 16e de la hauteur totale qui sorte au-dessus de l'eau, c'est-à-dire qu'il y a 16 fois 150 mètres au-dessous de l'eau. Ce sont, comme on le voit, des montagnes considérables. Dans les régions polaires on retrouve tous les aspects que nous avons cités tout à l'heure des champs de neige quelquefois variés par la neige rouge. Quelquefois aussi on y rencontre un accident inattendu : des volcans.

On peut citer le mont Erèbe qui fut découvert par Ross, en 1826 au pôle sud, et puis l'Hécla qui est en Islande. Cet Hécla dont nous allons vous montrer un tableau, présente au suprême degré le contraste remarquable de feu et de glace en contact, de sorte que l'éruption commence, non par du feu, mais par des torrents d'eau qui font plus de mal que les flots de lave qui les suivent.

Les glaces flottantes qui prennent naissance à la tête des glaciers polaires, portent souvent, pour leur compte, des blocs pierreux, analogues à ceux qui constituent les moraines. Elles les portent, entraînées qu'elles sont par les courants froids s'éloignant des pôles, et la glace fondant, il arrive un moment où les blocs tombent au fond de l'eau. De sorte qu'au fond de la mer il existe comme des traînées de blocs qui se dirigent du pôle vers l'équateur.

Dans les îles Shetland on trouve des porphyres et des granites qui sont ainsi amenés du pôle. Mais souvent aussi les glaces flottantes transportent autre chose que des matières inanimées, et par exemple, un vapeur américain l'*Ariel* qui revenait des Etats-Unis, rencontra à la hauteur de Terre-Neuve d'énormes glaces flottantes venant du nord et portant sur leur sommet une foule d'oiseaux marins. On reconnut même bientôt que ces oiseaux n'étaient pas seuls, et que d'énormes ours blancs voyageaient avec eux. Ils étaient destinés à une mort certaine puisque la glace devait fondre, mais les voyageurs finirent par persuader au capitaine de mettre la chaloupe à la mer, et de leur permettre d'exercer là leur talent cygénétique. Plusieurs Américains se rendirent vers l'iceberg. Sept ours de la plus grande taille étaient sur la glace. En voyant arriver le canot ils se jetèrent à l'eau et vinrent au-devant des agresseurs. On les reçut à coups de fusil, et profitant du désarroi causé par cette première décharge, les voyageurs débarquèrent sur la glace. Les ours marchèrent sur eux et livrèrent un combat dans lequel les armes à feu eurent naturellement le dessus. Cependant quand nos matelots croyaient tout fini, on s'aperçut qu'un des ours avait échappé et que tout en grognant il était allé se réfugier à la partie la plus élevée du bloc. Un Yankee demanda qu'on le lui abandonnât. Vite il se mit à construire une sorte de lazzo, un câble avec un nœud coulant, et muni d'un bâton ferré il commença l'escalade. Avant d'arriver en haut, il lança son lazzo, le jeta au cou de l'ours qu'il précipita alors sur la glace. Se sentant vaincu, l'ours en philosophe se résigna, se laissa museler dans un filet fait à la hâte, et fut vendu à Southampton quelques jours après.

Terre-Neuve, dont nous venons de parler est entourée d'un énorme banc de roches qui doit son origine à la glace flottante. Ce banc est situé précisément au point de rencontre du courant chaud venant de l'équateur et du courant froid venant du pôle. C'est là que les icebergs fondant déposent tous les matériaux solides dont ils se chargent dans le nord. Le banc de Terre-Neuve est donc formé des corps arrachés au pôle par les glaces et abandonnés grâce à la fusion de celles-ci.

Remarquez que les glaciers des pôles jouent un grand rôle dans l'économie générale de la terre. Ils sont une des causes déterminantes des courants de l'Océan car c'est à cause d'eux que le Gulfstream, ce grand courant que vous connaissez, et les vents réguliers ont leur régime. On peut même ajouter que cette circulation marine et atmosphérique n'est pas exclusivement propre à la terre. Elle existe sur d'autres planètes, sur Mars, par exemple, et je vais vous montrer une photographie qui le prouvera.

D'abord voici la source de l'Arveyron. C'est à la partie la plus inférieure de la Mer de glace que se trouve cette caverne d'où sort la rivière de l'Arveyron. Le fait est général comme nous l'avons dit, à la base de tous les glaciers se trouvent des cavernes de ce genre. Nous en avons une autre dans le glacier du Géant, qui est remarquable à cause de sa grande dimension. Vous voyez une immense caverne dans laquelle on assiste à des phénomènes d'optique de la plus grande beauté. Toutes ces glaces coupées donnent lieu à des effets de lumière et à des colorations analogues à celles des régions polaires où les glaces forment de véritables feux d'artifice.

Voici un éboulement, photographié dans une caverne au moment où cet événement venait d'avoir lieu. Vous apercevez la partie inférieure qui a cédé sous le poids de la partie supérieure donnant lieu à un cahos inextricable d'où un voyageur serait très-empêché de sortir.

Jetez maintenant les yeux sur ce glacier polaire: il y a, dans le fond, des montagnes de glace qui viennent se jeter dans la mer: mais nous allons voir des photographies représentatn des b'ocs de glace isolés qui sont séparés par suite de fissures et qui sont emportés par les courants. Voici une de ces montagnes de glace. Ce sera, si vous voulez des icebergs emportés par la mer. C'est, ainsi que je vous l'ai dit, une montagne qui ne montre que le 14e ou le 16e de sa hauteur au-dessus de l'eau. On a dessiné à côté un vaisseau d'une taille considérable pour montrer l'échelle à laquelle l'objet est représenté.

La photographie que voici donne une vue du volcan Hécla en Islande. C'est une montagne entièrement couverte de neige, et pour vous faire assister en quelque sorte au phénomène qu'on peut voir dans ces contrées-là, M. Molteni a construit un appareil qui permet au volcan d'entrer en activité.

Enfin nous allons vous montrer la planète Mars avec les calottes de glace qui sont à ses deux pôles, et qui ressemble d'une manière des plus remarquables à notre propre planète la Terre. Si nous étions sur Mars et que nous prissions la photographie de la Terre, ce serait la même chose. Ces calottes, selon les saisons, s'augmentent ou se rétrécissent;

et quand c'est l'été, on voit se produire des débâcles, c'est-à-dire des icebergs qui s'en vont au fil des courants du fleuve.

Quand on étudie les glaciers, ceux des Alpes, entre autres, on reconnaît que non-seulement ils ne sont pas fixes, qu'ils marchent, qu'ils descendent vers la plaine, mais encore que leur tête n'est pas non plus immobile. Il y a des glaciers qui avancent progressivement. On en a la preuve parce que beaucoup de défilés de montagnes dans les Alpes, qui étaient d'un accès très-facile au seizième siècle, par exemple, sont maintenant complétement envahis par la glace et ne peuvent plus être abordés.

Il y a d'autres glaciers, au contraire qui reculent; et ceux-là ont, par conséquent une série de moraines frontales qui représentent leurs anciennes étapes. Le régime normal consiste dans une alternative de progrès et de reculs. Ce mouvement du glacier offre un très-grand intérêt en nous permettant d'observer ce que deviennent les roches qui ont été soumises quelque temps à l'action de la glace. Nous avons vu que ces roches sont polies comme si on les avait frottées avec une matière dure. Elles ne sont pas seulement polies; dans beaucoup de cas, elles sont couvertes de stries, c'est-à-dire de lignes fines qu'on dirait tracées avec un burin et qui réellement ont été faites par des galets et des pierres enchâssés dans la glace. En outre, les moraines sont remplies de galets qui ayant servi à strier les roches sont aussi striés eux-mêmes. Ces stries des glaciers sont remarquables parce qu'elles permettent de reconnaître le galet isolé et de savoir s'il a été arrondi d'une autre manière; il n'y a que les glaciers qui donnent ce résultat.

Enfin comme dernier caractère, on trouve que les glaciers ont transporté de très-gros blocs dans les régions qu'ils n'atteignent plus. On les nomme blocs erratiques.

A Wesserling, par exemple, il existe tous les caractères d'un glacier excepté la glace même. Dans les Alpes, les glaciers ne représentent plus qu'une fraction pour ainsi dire infiniment petite des glaciers qui certainement dans le passé transportaient des blocs erratiques jusque sur les sommets du Jura.

De plus, on trouve dans toute l'Europe septentrionale des traînées de blocs erratiques venant du nord, pareils à ceux que les glaciers du pôle forment au fond de l'Océan. Aux environs de Berlin, on trouve des blocs énormes qui viennent de l'île Gothland, dans la mer Baltique. On trouve en Hollande des blocs qui viennent des environs de

Christiania en Norwége. Or tous ces glaciers qui n'existent plus, datent à peu près d'une même époque, très-importante dans l'histoire de notre globe, et éloignée de nous peut-être de millions d'années quoique cependant elle appartienne comme l'époque où nous vivons à la période la plus récente de la terre : c'est ce qu'on appelle la période quaternaire, ou, au moins pour une partie, la période glaciaire. Cette période caractérisée par une grande extension des glaciers l'est aussi (cela va ensemble), par un grand abaissement de la température générale. Et, en effet, dans le Périgord, dans le midi de la France, il existait une température analogue à celle de la Laponie. On en a observé des preuves de toute sorte. La plus frappante c'est que les animaux qui vivaient alors sont ceux qui vivent maintenant dans les glaces du pôle : les ours et les rennes. L'ours ne serait pas caractéristique à lui tout seul parce qu'il vit aussi dans les pays chauds, mais j'insiste sur la présence du renne qui est l'animal le plus utile aux Esquimaux et qui habitait les cavernes du Périgord en grande abondance. A l'époque glaciaire il existait des hommes qui avaient, avec les Esquimaux d'aujourd'hui des ressemblances frappantes. Je ne parle point de leur caractère physique, quoique cependant on reconnaisse souvent que leur squelette était très-analogue au squelette des Esquimaux d'aujourd'hui, appartenant à ce qu'on appelle le type hyperboréen; mais on trouve dans les objets qu'ils nous ont légués la preuve qu'ils avaient à peu près tous les usages que les Esquimaux ont encore maintenant. Ils se servaient des mêmes substances et ils étaient à peu près au même degré de civilisation. Maintenant les Européens se mêlent aux Esquimaux, leur apportent les matières premières et leur font perdre leurs anciennes habitudes, mais quand les premiers missionnaires Norwégiens et Suédois sont arrivés chez eux, ils y ont trouvé une analogie véritablement étonnante avec l'âge glaciaire. Je vous dirai, par exemple, que l'on sait à l'égard de l'homme glaciaire quelque chose même de ses opinions religieuses ; on est sûr qu'il croyait à une autre vie, et on le sait parce qu'il avait des usages exactement pareils non-seulement à ceux des Esquimaux mais à ceux des Peaux-Rouges de l'Amérique du Nord. Il enterrait ses morts dans des caveaux fermés avec une pierre pour les protéger contre les animaux féroces et il avait soin de déposer près d'eux des pièces de viande très-certainement destinées à leur permettre d'accomplir le grand voyage comme disent encore les habitants de Far-West. Nous allons vous montrer pour terminer une série de photographies.

Tout d'abord une roche de Gœrner. Vous voyez combien elle est polie, et combien il serait difficile d'y monter. On est obligé d'y pratiquer des sortes d'escalier avec une hache. Elle offre des surfaces beaucoup plus glissantes que les surfaces de la glace qui sont toujours rugueuses.

Avec cette seconde photographie nous sommes au Spitzberg et nous avons ici des roches *moutonnées* dans toute la force du terme. Et puis, vous voyez un contraste remarquable entre les roches basses du premier plan et les roches anguleuses du second plan. C'est que la glace ne les a jamais frictionnées ni rabotées. C'est ce qu'on observe dans les Alpes, dans les vallées de l'Aar, par exemple ; dans les parties les plus élevées les arêtes sont parfaitement vives et les aiguilles existent plus ou moins.

Retournons dans les Alpes. On vous montre cette photographie à cause des blocs éboulés dans cette région. J'appelle votre attention sur ce bloc qui est formé de serpentine ayant une dimension très-considérable dont vous allez voir la représentation à part. Il est célèbre à cause de son volume. Il est très-poli comme les blocs erratiques proprement dits. Voici le même bloc d'un autre côté. Dans le fond est le glacier même qui l'a apporté en même temps que toute cette moraine latérale.

Voici la vue de la vallée de Saint-Amarin (Haut-Rhin). Toute la glace doit être supprimée si l'on veut se rendre compte de ce que c'est maintenant. Vous apercevez une série de moraines frontales qui prouvent que le glacier a subi une série de transformations dans la succession des temps. Il y a une moraine marginale, etc.

Les environs de Stockholm nous montrent aussi des rochers moutonnés qui appartiennent à la période glaciaire. Il n'y a plus du tout de glacier aujourd'hui.

A l'occasion de l'époque glaciaire, nous allons vous faire voir un squelette humain découvert depuis peu de temps aux environs de Menton. Il appartient à l'époque quaternaire. A la suite de sa découverte on a trouvé trois autres squelettes présentant exactement les mêmes caractères dont l'on peut conclure la connaissance de certains usages remontant à cette période reculée. Par exemple, le crâne est recouvert de petites coquilles dont on a déterminé l'espèce et qui constituaient une résille autour de la tête du mort. Derrière le crâne, deux pointes s'élèvent. Ce sont des couteaux en silex, des rasoirs, des outils, de tous genres dont se servaient les hommes du midi, comme les Esquimaux s'en servaient il y a peu de temps, et comme ils s'en servent encore dans les régions où nous n'avons pas pu pénétrer.

Pour vous donner une idée de la période glaciaire, nous avons un tableau dans lequel on a réuni les principales formes animales de cette époque. Vous verrez l'ours, le grand mammouth, l'éléphant; on aurait pu mettre le renne et l'élan.

Nous allons vous montrer une vue prise dans le pays des Esquimaux. Cette vue aurait pu être prise dans le midi de la France, lorsque Toulouse était dans les neiges perpétuelles comme cela a lieu au pôle. Par la même occasion nous vous ferons voir un phénomène très-remarquable des régions polaires qui avait peut-être lieu dans le midi de la France: l'aurore boréale. M Molteni a arrangé cette photographie pour vous faire assister à ce phénomène. L'aurore commence par une lueur incertaine qui se précise de de plus en plus sous la forme de baguettes et de rayons droits. En voyant cette photographie vous pouvez vous figurer que vous voyez nos premiers ancêtres. J'aurais voulu avoir le temps de vous montrer, car ce serait un sujet bien intéressant, comment l'homme a pu s'élever à l'état où nous le voyons aujourd'hui et comment il n'est pas exact de croire que l'âge d'or soit derrière nous. Au contraire, il est en avant, et c'est sur cette affirmation si consolante, que je prendrai congé de vous ce soir.

FIN.

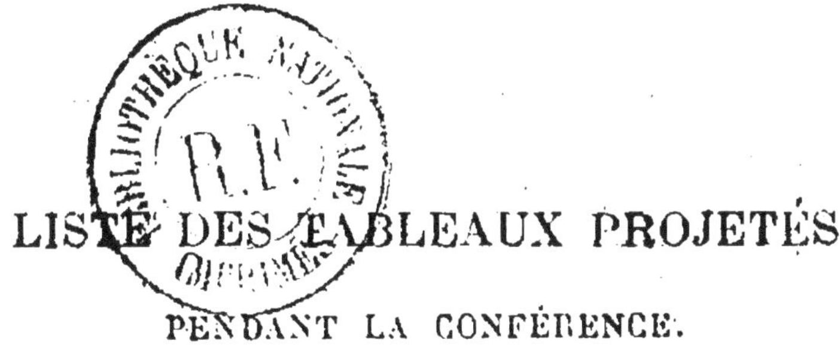

LISTE DES TABLEAUX PROJETÉS

PENDANT LA CONFÉRENCE.

		PRIX en noir.	PRIX en couleur
1	Village des OUCHES,	1 50	5 »
2	Aiguille d'ARGENTIÈRE,	1 50	4 »
3	Pont du DIABLE,	1 50	4 »
4	Le COTOPAXI,	1 50	4 »
5	Champs de neige du Mont-Blanc,	1 50	4 »
6	Cristaux de la neige,	1 50	» »
7	Fleurs de la glace,	1 50	» »
8	Crevasses du glacier de GRINDELWALD,	1 50	» »
9	Détails du glacier de SCHWARTZBERG,	1 50	4 »
10	Détails du glacier d'ALLELIN,	1 50	4 »
11	Les SERACS du glacier des BOSSONS,	1 50	4 »
12	La mer de glace,	1 50	4 »
13	Détails du glacier de GORNER.	1 50	4 »
14	Table de glacier,	1 50	4 »
15	Glacier de GORNER,	1 50	4 »
16	La JUNGFRAU,	1 50	4 »
17	Le Mauvais pas,	1 50	4 »
18	Source de l'ARVEYRON,	1 50	» »
19	Caverne de glace,	1 50	» »
20	Éboulement au glacier supérieur de GRINDELWALD,	1 50	» »
21	Grounded berg,	1 50	» »
22	Ice berg,	1 50	» »
23	L'HÉCLA à deux effets pour appareil double,	» »	25 »

	L'HÉCLA à trois effets pour appareil double, peinture supérieure,	»	»	35	»
	L'HÉCLA à un effet pour appareil simple,	2	»	9	»
24	La planète MARS,	2	»	»	»
25	Roches polies du glacier de GORNER,	1	50	4	»
26	Roches moutonnées des régions polaires,	1	50	4	»
27	Vallée et lac de MATTMARK,	1	50	4	»
28	Bloc erratique de la vallée de Mattmark,	1	50	4	»
29	Restauration de l'ancien glacier de la vallée de SAINT-AMARIN,	1	50	4	»
30	Roches moutonnées des environs de STOCKHOLM,	1	50	4	»
31	Squelette de l'homme de MENTON,	1	50	»	»
32	Vue idéale de la période glaciaire,	2	»	8	»
33	Village d'Esquimaux à trois effets pour appareil double,	»	»	27	»
	Village d'Esquimaux à deux effets pour appareil double,	»	»	20	»
	Village d'Esquimaux à un effet pour appareil simple,	2	»	9	»

PARIS. — TYPOGRAPHIE-STÉNOGRAPHIQUE DES FRÈRES DUPLOYÉ.

COLLECTIONS DE TABLEAUX

SUR VERRE POUR PROJECTIONS.

Astronomie.
Physique.
Mécanique.
Géographie et voyages.
Histoire de France.
Histoire sainte.
Nouveau Testament.
Industrie et applications scientifiques.
Histoire naturelle.
Histoire du globe.
Curiosités de la nature.
Portraits, sujets historiques, etc.
Chimie.

www.ingramcontent.com/pod-product-compliance
Ingram Content Group UK Ltd.
Pitfield, Milton Keynes, MK11 3LW, UK
UKHW020352250726
13967UKWH00005B/2236